John C. Parkin

Gaia Pollini

SAG FU(

John C. Parkin
Gaia Pollini

SAG FUCK IT!

Kleines Buch, große Wirkung

Aus dem Englischen von G. Maximilian Knauer

ARISTON

Die Originalausgabe dieses Buches erschien 2009 unter dem Titel *The Way of F**k It. Small Book. Big Wisdom* bei Hay House (UK) Ltd.

FSC
www.fsc.org
MIX
Papier aus verantwortungsvollen Quellen
FSC® C014889

Verlagsgruppe Random House FSC-DEU-0100
Das für dieses Buch verwendete FSC®-zertifizierte Papier
liefert Salzer Papier, St. Pölten, Austria.

Bibliografische Information der Deutschen Bibliothek

Die Deutsche Bibliothek verzeichnet diese Publikation
in der Deutschen Nationalbibliografie; detaillierte bibliografische Daten sind im Internet unter
http://dnb.ddb.de abrufbar.

Aus dem Englischen von G. Maximilian Knauer

Umschlaggestaltung: WEISS WERKSTATT MÜNCHEN
unter Verwendung eines Motivs von © tomitom / Fotolia
Innenillustrationen: © Gaia Pollini und John C. Parkin

Satz: EDV-Fotosatz Huber/Verlagsservice G. Pfeifer, Germering
Druck und Bindung: Friedrich Pustet KG, Regensburg
Printed in Germany 2011

ISBN 978-3-424-20048-5

Der wachsenden Armee von Fuck It-*Fans*
auf diesem Planeten gewidmet.

www.thefuckitway.com

Inhalt

Ach, *Fuck It*, du kommst langsam auf den Trichter ...

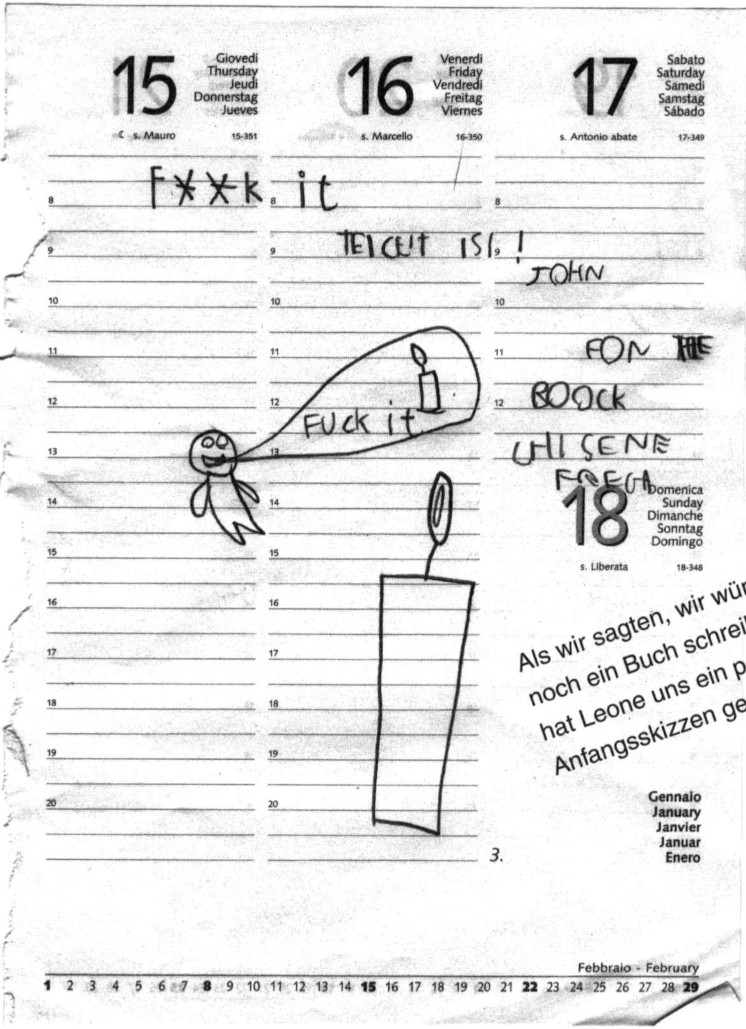

3.

Als wir sagten, wir würden noch ein Buch schreiben, hat Leone uns ein paar Anfangsskizzen gemacht.

Einleitung

Das Zusammenbasteln dieses Buches war wirklich ein wunderbarer Prozess – noch dazu einer der ständigen Vereinfachung. Nun ist es relativ schwierig, Ideen rauszuwerfen. Und so kam uns vor einiger Zeit der Gedanke, eine Einleitung zu schreiben, in der wir über das Rauswerfen von Dingen sprechen und auch auf einiges Bezug nehmen würden, das wir rausgeworfen hatten ... So würden wir uns selbst überlisten und glauben, wir hätten sie gar nicht rausgeworfen, verstehst du?

Ein Wort zum Einfachhalten der Dinge: Ich erinnere mich noch daran, dass vor einigen Jahren das Akronym K. I. S. S. oft in Powerpoint-Präsentationen verwendet wurde. K. I. S. S. bedeutet: Keep it simple, stupid. (Ich denke, das Komma war nötig, weil man es sonst als »Keep it simple and stupid« hätte lesen können, und darum ging es wohl kaum.) Nun leuchtet mir dieser Gedanke schon ziemlich ein, aber musste der Erfinder dieses Kürzels unbedingt das Wort »Dummkopf« (stupid) verwenden? Warum musste er (und es war ein »er«, fürchte ich), so beleidigend werden? Wenn eine Frau das geschrieben hätte, hätte es meiner Vermutung nach so ausgesehen: K. I. S. S. – Keep it simple, sweetheart. »Oh, sicher«, hätte ich geantwortet, »ich werd's versuchen«. Das wäre doch eine echte Alternative zu meiner Alpha-Männchen-Reaktion auf das ursprüngliche Keep it simple, stupid: »Nenn mich noch einmal Dummkopf und du fliegst raus!«

Wie auch immer – dieser Vereinfachungsprozess spiegelt hervorragend den gesamten Prozess wider, den wir mit der *Fuck It*-Philosophie durchgemacht haben. Zu der Erkenntnis zu gelangen, dass das Ordinäre einen fundamentalen Wandel in unserem Leben herbeiführen und sogar einen spirituellen Prozess darstellen kann ... Wäre diese Erkenntnis ohne ein ernsthaftes 20-jähriges Studium der Meditation und östlichen Philosophien, ohne die ewige Suche nach Antworten und Klarheit möglich gewesen? Wer weiß – aber was feststeht, ist, dass *Fuck It* eine wunderbare, praktisch übernatürliche Abkürzung zur Befreiung in unserem Leben darstellt.

Vielleicht erscheint es manchen zu simpel, aber ich würde behaupten, dass dieser sehr westliche Fluch alle östlichen Weisheiten in sich zusammenfasst. Das liegt daran, dass er – was für unsere westlichen Sprachen relativ einzigartig ist – stillschweigend den Hinweis enthält, dass die Dinge gar nicht so bedeutsam sind, wie wir immer meinen. Mit zwei Worten erkennen wir, dass unsere Probleme nur entstehen, weil wir die Dinge viel zu ernst nehmen. Das Loslassen dieses Ernstes, dieses Gefühls, die Dinge seien so wichtig, kann zu Befreiung und Wandel in unserem Leben führen. Das ist es auch, was die Buddhisten mit dem ganzen Gerede von Anhaftung und Leiden gemeint haben. Es stimmt ja auch – nur kann das ziemlich schwer zu verstehen sein; und *Fuck It* ist das ganz und gar nicht. Wir alle verstehen sofort, warum *Fuck It* funktioniert, wenn es darum geht, zu größerer Freiheit in unserem Leben zu gelangen.

Also kannst auch du in deinem Leben dasselbe tun wie wir in unserem – und zwar mit dem Prozess von *Fuck It* und diesem Buch. Klar, du kannst auch die gesamte östliche Philosophie studieren, alle Selbsthilfe-Ratgeber lesen, all die Therapiestunden hinter dich bringen, um es doch immer wieder auf das Grundlegende, Einfache herunterzubrechen. Und dazu ist nichts besser geeignet als *Fuck It*.

Also, schau dir hier ein paar der Zeichnungen an, mit denen wir gespielt (und die wir rausgeworfen) haben, darunter auch ein paar meiner Jungs (die von dieser Idee immer so wunderbar mit ihrem schweren, italienischen Akzent als »Fuuk Iit« sprechen.) Das, was wir dir schließlich präsentieren, ist der Gedanke in seiner Reinform: Schnelle, kraftvolle Ideen, wie du *Fuck It* jeden Tag in deinem Leben benutzen kannst.

Wenn du Lust hast, lies das Buch von der ersten Seite bis zur letzten durch. Oder schlag es einfach ganz willkürlich auf und finde heraus, was gerade jetzt im Moment für dich stimmt. Dieser Prozess funktioniert genauso magisch wie Kartenlegen und liefert dir genau zur richtigen Zeit genau die richtige Botschaft.

Noch eine Sache zu dem Prozess, wie wir dieses Buch zusammengestellt haben. Es war eine Freude, alles gemeinsam zu machen (statt wie üblich alleine zu schreiben), dazusitzen, über die Hügel zu schauen und sich zu fragen, wie man die einzelnen Ideen illustrieren soll ... und sich so immer gegenseitig zu besseren und noch besseren Ideen anzuspornen (was auch

Antworten wie die folgende beinhaltete, etwas, was so nur zwischen Ehepartnern möglich ist: »Nein, das ist totaler Müll, wie wär's damit?«). Es war toll.

Wir sind mit dem Endergebnis höchst zufrieden. Und als zwei Ex-Kreativlinge der Medienbranche können wir wirklich sagen: Das ist ein eher ungewöhnliches Ergebnis, das darfst du uns glauben. Also, bitte, stürz dich hinein. Schlag das Buch auf und fang an, die Magie von *Fuck It* in deinem Leben freizusetzen. Und es ist wirklich Magie, das wird dir noch früh genug aufgehen. Also sagen wir es noch einmal, im gepriesenen Namen des Prinzips, die Dinge einfach, wahr und kraftvoll zu halten: Bitte leg los und fang an, die Magie von *Fuck It* in deinem Leben freizusetzen.

Pause ... Einige Zeit später ...

Also, wir haben diese Einleitung auf dem Flieger zurück nach Italien geschrieben. Als wir nach Hause kamen, stellten wir fest, dass Arco, einer unserer Söhne, eine Zeichnung für das Buch gemacht hatte (siehe gegenüber): Ein Zauberer, der jemanden mit *Fuck It*-Magie verzaubert (so seine Worte). Verflixt, so was überrascht sogar uns noch hin und wieder. Es scheint also nur recht und billig, wenn wir mit Arcos magischem Beitrag anfangen.

Mit den besten Grüßen
John, Gaia, Arco und Leone

Fang jetzt damit an, die Magie von *Fuck It* in deinem Leben freizusetzen.

Sag *Fuck It* zu den Plänen, die du für heute hattest. Öffne dich stattdessen dafür, dass etwas Spektakuläres passiert.

Sag *Fuck It* und nimm einfach alles so an, wie es gerade ist.

WUNDERSCHÖN

Du musst nicht ständig alles richtig machen. *Fuck It*.

Scher dich nicht darum,
was andere von dir denken.

Hör damit auf, über alles und jeden zu urteilen. *Fuck It*. Das ist einfach langweilig.

Sag *Fuck It* und weigere dich einfach, all das zu tun, was du genauso gut morgen machen könntest.

Sag *Fuck It* und iss es einfach.

Sag *Fuck It* und kauf´s einfach.

Fuck It. Gesteh eine Lüge, die du jemandem aufgetischt hast.

Sag *Fuck It* und nimm Kontakt zu jemandem auf, von dem du dich fernhalten solltest.

Sag *Fuck It* und öffne dich der Vorstellung, dass du heute jemandem begegnen wirst, der deine Art, die Dinge zu sehen, verändern könnte.

HALLO,
WIE
GEHT'S?

Fuck It. Stell jemanden zum Putzen ein.

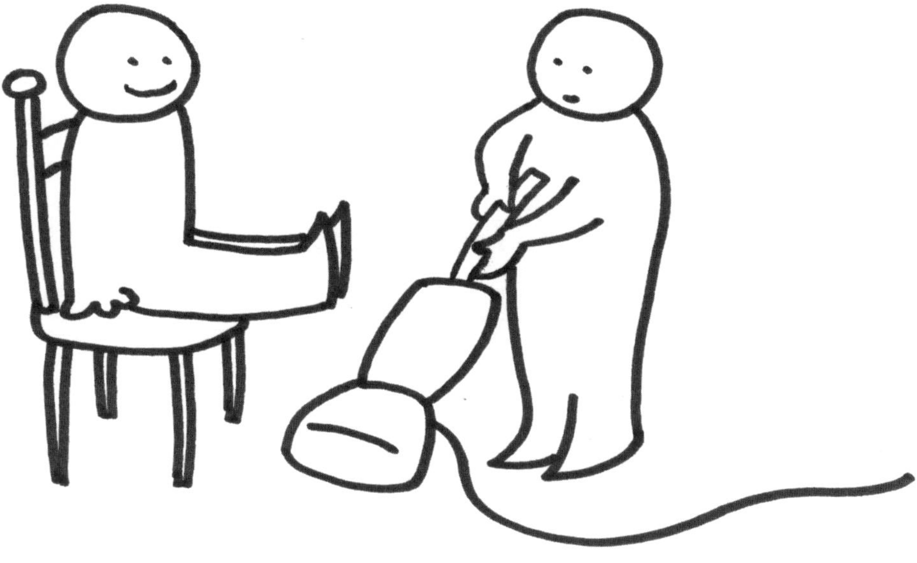

Fuck It. Engagiere einen Babysitter.

Sag *Fuck It* und mach jemandem, den du wirklich nicht ausstehen kannst, eine Tasse Tee.

Ich bin anders. Na und?
Fuck It.

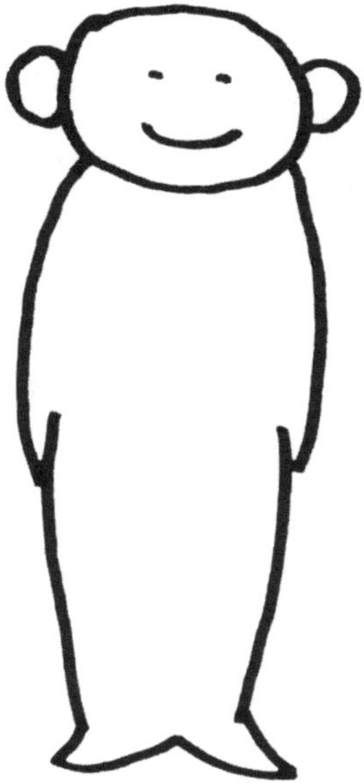

Sag *Fuck It* und gib das Bargeld in deiner Börse jemandem, der es dringender braucht als du.

Vergleiche dich nicht mit anderen. *Fuck It*. Es gibt immer irgendwo »bessere« und »schlechtere« Menschen.

Fuck It. Bleib im Bett,
bis es dir langweilig wird.

Sag *Fuck It* und
ruf deine erste Liebe an.

Sag *Fuck It* und »shopdroppe«: Leg etwas Ungewöhnliches, das du in einem Geschäft gekauft hast, in ein anderes.

Was ist die eine Sache, zu der du nicht *Fuck It* sagen kannst? Wie würde sich dein Leben verändern, wenn du es tätest?

FUCK IT

Sag *Fuck It* zu verloren gegangenen Träumen und finde den Traum stattdessen überall.

Fuck It. Pack deinen Koffer und sei bereit, jeden Moment abzureisen.

Sag *Fuck It* und lebe,
als ob du dir über Geld
überhaupt keine Gedanken
machen müsstest.

Wenn du feststellen würdest,
dass alles nur eine Illusion ist,
was würdest du tun?

Sag *Fuck It* und hör sieben
Tage lang keine Nachrichten.

Fuck It. Reise erster Klasse, wann du nur kannst.

Mach aus dieser Seite einen Papierflieger und wirf ihn jemandem zu, den du liebst.

Diese Nachricht wird dir zugestellt von

Fuck It Air.

Ich liebe dich.

Alles, woran du glaubst, wird wahr. Glaub an etwas Absurdes.

Sag *Fuck It* und erfinde
dir einen Job für besondere
Gelegenheiten: Ich bin
Ungezieferbeauftragter,
spezialisiert auf Kakerlaken-
befall (die gehören zu den
zähesten Geschöpfen auf
diesem Planeten, weißt du?).

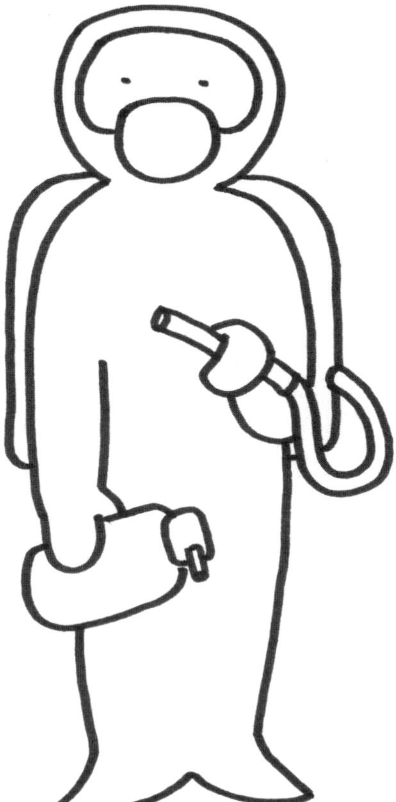

Sag *Fuck It* und buche dir heute ein Hotelzimmer.

Sag *Fuck It* und schau dir einen Film an, von dem du weißt, dass er dich zum Weinen bringt.

Fuck It. Geh in eine Kirche und tu so, als würdest du beten.

ZZZZZZ

Fuck It. Tu heute das, was dir am meisten Angst macht.

ICH LIEBE DICH

Sag *Fuck It*, kauf dir die *Bild* und lies sie bei McDonald's über einem Happy Meal für Kinder.

Vielleicht musst du ja gar nicht:
So viel verdienen.
So viel erreichen.
So viel tun.
So viel sein.
Fuck It.

Sag *Fuck It* und kündige deine Mitgliedschaft im Fitness-Studio.

Du hast jeden Grund, nicht glücklich zu sein, aber zum Glücklichsein brauchst du gar keinen.

Sag *Fuck It* und spiel mit jemandem Verstecken.

STOP
STOP

Sag *Fuck It* und leg dich in einem Bett bei IKEA schlafen.

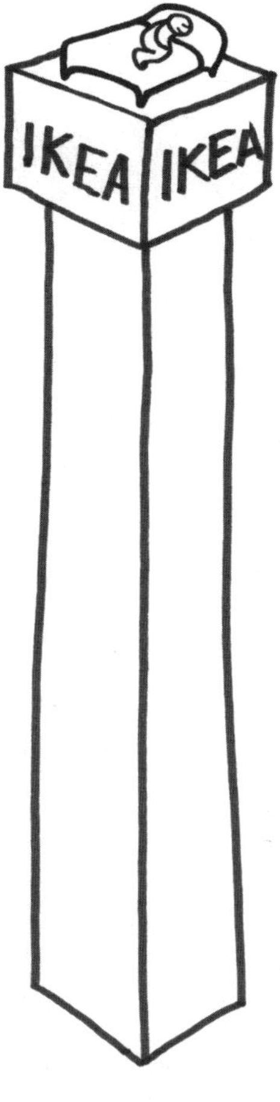
IKEA
IKEA

Fuck It. Kauf dir das Buch, das dir die Kassiererin empfiehlt.

ALLES
ÜBER
AMEISEN
1 2 3 4 5

Sag *Fuck It* dazu,
ein guter Liebhaber zu sein.
Mach stattdessen lieber,
wonach dir ist.

Sag *Fuck It* und leg dich in einem Supermarkt hin.

Sag *Fuck It* und wirf deine To-do-Liste weg.
Sag *Fuck It* und wirf deine To-do-Liste weg.
Sag *Fuck It* und wirf deine To-do-Liste weg.
Sag *Fuck It* und wirf deine To-do-Liste weg.
Sag *Fuck It* und wirf deine To-do-Liste weg.
Sag *Fuck It* und wirf deine To-do-Liste weg.
Sag *Fuck It* und wirf deine To-do-Liste weg.
Sag *Fuck It* und wirf deine To-do-Liste weg.
Sag *Fuck It* und wirf deine To-do-Liste weg.
Sag *Fuck It* und wirf deine To-do-Liste weg.
Sag *Fuck It* und wirf deine To-do-Liste weg.
Sag *Fuck It* und wirf deine To-do-Liste weg.
Sag *Fuck It* und wirf deine To-do-Liste weg.
Sag *Fuck It* und wirf deine To-do-Liste weg.

Fuck It. Sag »Ja«,
wenn du normalerweise
»Nein« sagen würdest.

Fuck It. Sag »Nein«, wenn du normalerweise »Ja« sagen würdest.

EVIAN

Du hast gesucht.
Du hast Therapien gemacht.
Du hast alle Abzeichen.
Und all das, nur um
rauszufinden, dass du schon
immer angekommen warst.
Fuck It.

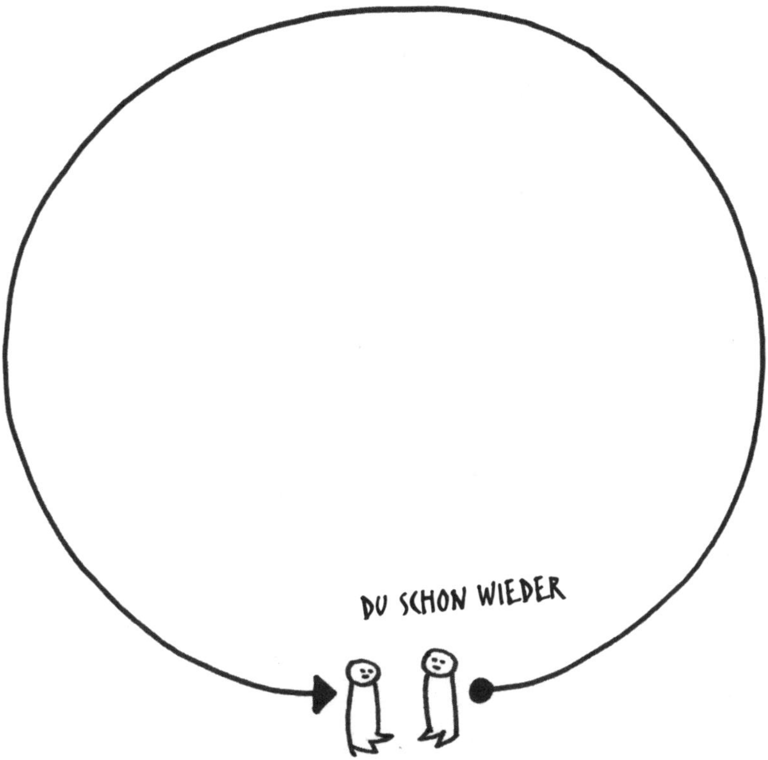
DU SCHON WIEDER

Sag *Fuck It* und stell dich am belebtesten Platz, den du finden kannst, still hin.

Nächstes Mal, wenn du
keine Lust auf etwas hast …
Du hast’s erraten.

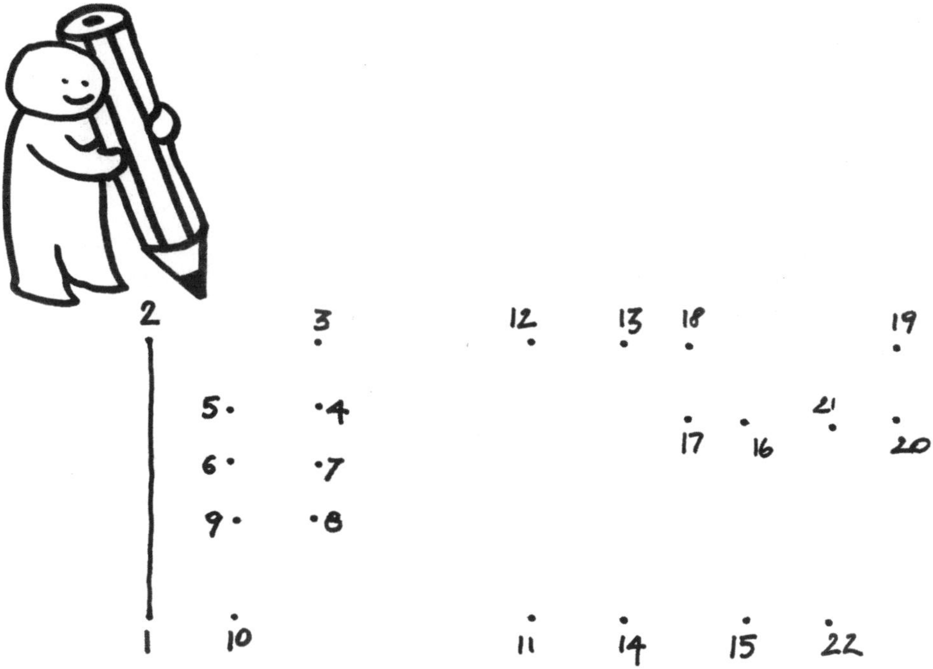

1
2
3
4
5
6
7
8
9
10
11
12
13
14
15
16
17
18
19
20
21
22

Du warst ein böses Mädchen / ein böser Junge.
Du hast die Dinge zu ernst genommen.
Schreib 20 Zeilen und sag zu all diesen Dingen *Fuck It*.

Ich sage *Fuck It* zu …
Ich sage *Fuck It* zu …
Ich sage *Fuck It* zu …
…

Sag *Fuck It* und wirf deine Waage weg.

Wir haben dir etwas Umwerfendes mitzuteilen. Aber einige von euch werden sich damit schwertun. *Fuck It*, wir machen es sogar noch schwieriger …

Der Gedanke, *Fuck It* zu sagen, kommt von einer radikalen Erkenntnis, nämlich der, dass wir alle eins sind und daher nicht als Individuen existieren, dass die Welt, wie wir sie kennen, die Realität, wie wir sie wahrnehmen, nur eine Illusion ist – und alles innerhalb dieser Illusion einfach nur ein Entstehen von Einssein ist, daher alles göttlich, wunderschön, nichts gut oder schlecht, besser oder schlechter ist, sich nirgendwohin entwickelt, keinen Sinn und keine Bedeutung hat, sondern einfach nur Einssein, Einheit ist, die mit sich selbst im Spiel begriffen ist, der ewig masturbierende Gott, wenn du so willst. Das ist sehr schwer zu kapieren. In der Tat ist es wahrscheinlich sogar unmöglich. Aber wahrscheinlich ist es wahr ... Alle großen Religionen und Philosophien weisen in Richtung dieser Wahrheit ... alle Mystiker, Meditierenden, Visionäre und Seher sehen dasselbe ... das Eine. Also mach dir keine Mühe damit, »es zu verstehen«. Sag erst mal *Fuck It.* Aber zumindest ist es gesagt. Und es kann gut sein, dass du es eines Tages auch verstehst.

Wenn etwas schiefgeht,
sag *Fuck It* und zieh weiter.
Immerhin ist niemand
gestorben.

Wenn etwas schiefgeht und jemand stirbt, dann durchlebe den Schmerz komplett. Vergegenwärtige dir, wie viel Glück du gehabt hast (du lebst schließlich noch); zieh die Möglichkeit in Erwägung, dass der Tod ohnehin total okay sein könnte.

Getrenntsein ist eine Illusion. Aber es braucht durchaus einige *Fuck Its*, bis man das kapiert.

ICH

Sag *Fuck It* und nimm
einen Zug irgendwohin,
wo du noch nie zuvor warst.

Sag *Fuck It* und frag deinen besten Freund, was er täte, wenn er in deiner Position wäre.

Das, was du für wichtig hältst,
ist es wahrscheinlich nicht.
Das, was du für real hältst, ist
es wahrscheinlich nicht.
Der, der du zu sein glaubst,
bist du wahrscheinlich nicht.
Fuck It, genieß es einfach.

HÄTTE NICHT GEDACHT, DASS ICH DAS BIN …

Sag jedes Mal *Fuck It*,
wenn du Kummer hast,
und schau, was passiert.

Just do it.
Du brauchst keine bescheuerten Sportschuhe zu tragen, die sowieso zu teuer sind.
Oder anzufangen, für einen Marathon zu trainieren.
Aber der Spruch ist gut.
Fuck It. Just do it.

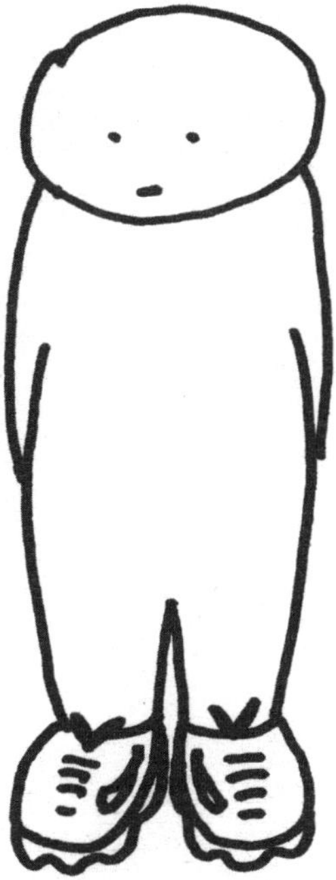

Sag *Fuck It* zu dem Ziel,
glücklich zu sein.
Das allein wird dich schon
ohne Ende aufmuntern.

FREIHEIT
GLÜCK

Es gibt keinen Unterschied
zwischen Fußballgucken
und Meditation.

Wenn wir Glück haben, entwickeln wir uns von der Stufe, auf der das Leben uns lebt (Kindheit), über die Stufe, auf der wir ein Leben leben (Erwachsenenalter), zurück zu der Stufe, auf der das Leben uns lebt (Der *Fuck It*-Weg).

Fuck It. Lade die Zeugen Jehovas auf eine Tasse Tee ein.

Tu nur, was dir Spaß macht.
Hab Spaß an allem,
was du tust.
Und dazu gehört auch, so
richtig groß zu kacken.

1.

Co-Autoren und -Illustratoren:
Unsere Söhne Arco und
Leone.

2.

Eine Reise von 1000 Kilometern beginnt mit dem ersten Schritt. (Aber dann hat man immer noch 1000 Kilometer minus einen Schritt hinter sich zu bringen … und das ist verdammt weit.)

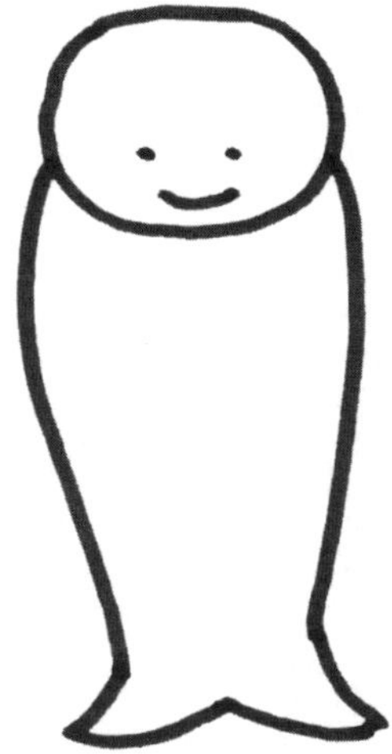

Fuck It.
Du bist schon angekommen.

Sag *Fuck It* und schreib mit einem Filzstift »Liebe« über dein Herz.

Sag *Fuck It* und schreib
mit einem Filzstift »zentriert«
direkt unter deinen
Bauch-nabel.

ZE

Sag *Fuck It* und schreib
mit einem Filzstift »geerdet«
auf deine beiden Füße.

GE

Sag *Fuck It* und sage zu jemandem, zu dem du es noch nie gesagt hast, »Ich liebe dich.«

ICH LIEBE DICH

Fuck It. Tu in jeder Hinsicht das Gegenteil von dem, was du normalerweise tun würdest.

Wie Sie Verbindung
mit Ihren
Engeln aufnehmen
John C. Parkin

Sag *Fuck It* dazu, in deinem Job Hervorragendes zu leisten.
Erforsche das Mittelmaß.
Schwelge in deinen Schwächen.

Manchmal muss man einfach kreischen, schreien und flennen wie ein Baby. Sag *Fuck It* und tu es. (Wenn auch vielleicht nicht gerade in einem überfüllten Bus.)

An manchen
klappt es
so toll

Tagen
einfach nicht
Fuck It.

Fuck It. Schreib dieses Jahr keine Weihnachtskarten. Wenn man dich danach fragt, sag, das sei schlecht für die Umwelt.

ICH LIEBE DICH

Das ist schon ein Klischee. Aber – *Fuck It* – es bringt einen zum Nachdenken: Schreib deine eigene Grabinschrift.

FUCK IT

INTERESSANTE TATSACHE: Wenn du zu irgendetwas *Fuck It* sagst und einfach Vertrauen zu dir selbst hast oder dich dem Fluss der Ereignisse hingibst, dann gleitest du (mühelos) in das universale Bewusstsein, das Tao, wenn du so willst, und indem du das tust, beginnst du, ganz abgesehen davon, dass du dich gut fühlen und gut aussehen wirst, Wunder in dein Leben zu rufen, und so könnte es passieren, dass du dich mit übermenschlichen Kräften ausgerüstet wiederfindest. Und das ist eine Tatsache.

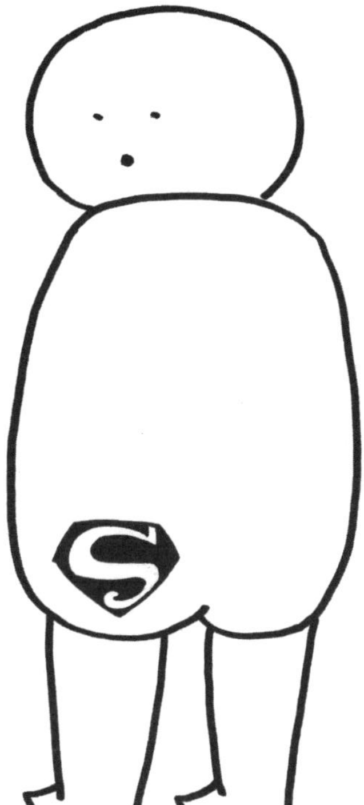

Sag *Fuck It* und erinnere dich daran, dass alles, worüber du dir Sorgen machst, im großen Gesamtbild der Dinge nicht einmal so groß wie ein Pünktchen ist.

Alle Dinge manifestieren sich aus dem Nichts. Lass viel, viel Platz in deinem Leben.

Sag *Fuck It* und schließ eine Wette auf etwas ab, wovon du keine Ahnung hast.

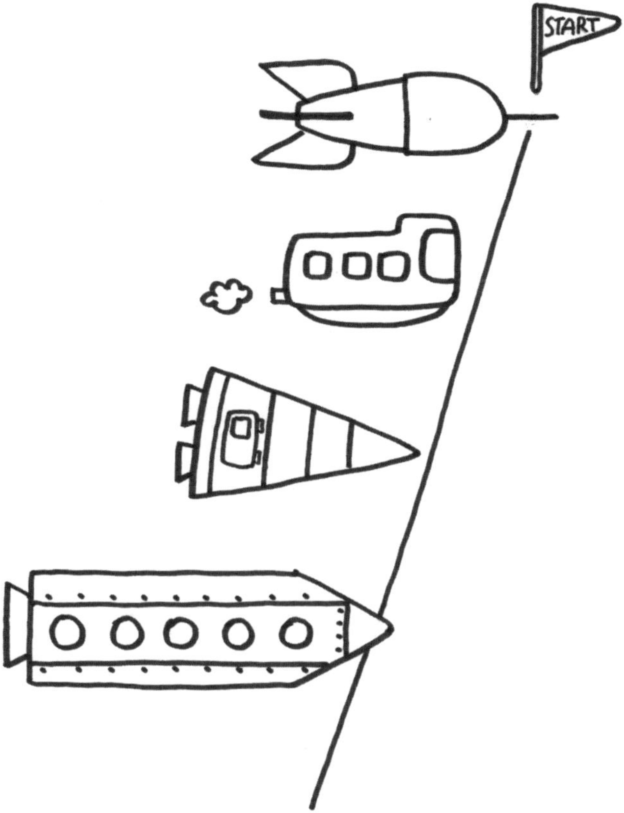
START

Es ist Zeit für eine Therapiestunde:

a) Reche deine Vergangenheit durch.
b) Lege die Gründe für dein Elend fest.
c) Vergiss nicht, deinen Eltern die Schuld zu geben.
d) Weine. Viel.
e) Bezahle. Viel.

1.

DIE VERGANGENHEIT DURCHRECHEN

Oder du kannst *Fuck It* sagen, die Füße hochlegen und dich auf das konzentrieren, was ist, statt auf das, was war.

2.

IM JETZT LEBEN

Fuck It. Kauf an Weihnachten das beste Geschenk für dich selbst und sorg so dafür, dass du genau das kriegst, was du haben wolltest.

Fuck It. Wir bringen dir jetzt einfach bei, was wir aus 30 Jahren Meditation, 25 Jahren Tai Chi und Qigong, 10 (langen) Jahren Yoga, 1000enden von Büchern und der verdammten Universität des Lebens gelernt haben: Du musst überhaupt nichts tun, um okay zu sein.

Lass dir eine *Fuck It*-
Tätowierung machen.
Mach ein Foto davon.
Schick es uns und wir stellen
es auf unsere Website.
(john@thefuckitway.com)

Sag *Fuck It* und google dich.
Nimm Kontakt mit deinem Namensvetter auf, der als erster Treffer kommt.

UPS, DAS WAR ICH

Aller Schmerz entsteht
durch Anhaftung.
Das verstehst du nicht?
Fuck It.

Sag *Fuck It* und summe »Bohemian Rhapsody« in der U-Bahn, und zwar das ganze Stück.

Wenn du das erste Mal
keinen Erfolg hast …
gib auf.

Sag *Fuck It* dazu,
cool zu sein.

Manchmal ist die einzige Lösung, ihn oder sie, normalerweise nicht es, zu … na ja. *Fuck It*.

Sag *Fuck It* und geh.

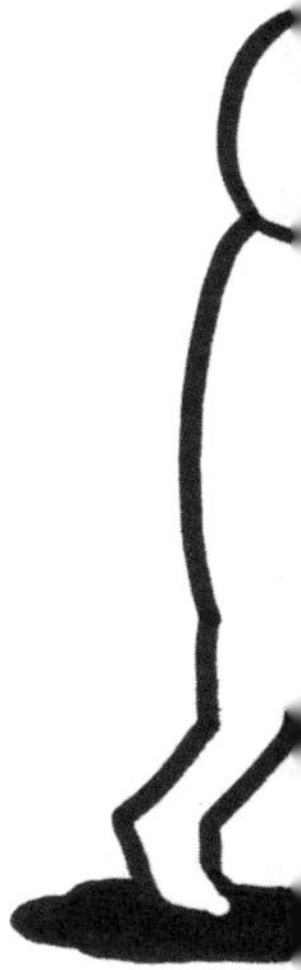

Sag *Fuck It* und bleib.

Du musst dir nichts von
all dem merken.
Du musst nichts von
all dem glauben.
Du musst nichts von
all dem anwenden.

Du bist stets zur richtigen Zeit am richtigen Ort.

DU BIST AM
RICHTIGEN ORT
Edward St
Edward St
Edward St
Royal Pavilion
Pavilion Parade
Old Steine
Prince's St
Steine Gardens
Dorset St
George St
Dorset Gardens
Cavendish St
St James's St
St James's St
St James St
B2118
B2066
A23
A23
A259
A259
A259
Steine St
Manchester St
Charles St
Broad St
Madeira Pl
Camelford St
Margaret St
Wentworth St
Rock Pl
St Mary's Pl
St Mary's Pl
Atlingworth St
Lavender St
Old Steine
Old Steine
Pool Valley
Pool Valley
Palace Pl
East St
Marine Parade
Marine Parade
Madeira Dr
Madeira Dr
Madeira Dr
Baker St
Wyndham St
Egremont Pl
Tilbury Pl
Carlton Hill
Park Hill
Thomas Cl
Grosvenor St
Mount Pleasant
tion Rd

Du weißt, dass du nicht
gehen willst.
Also geh nicht.

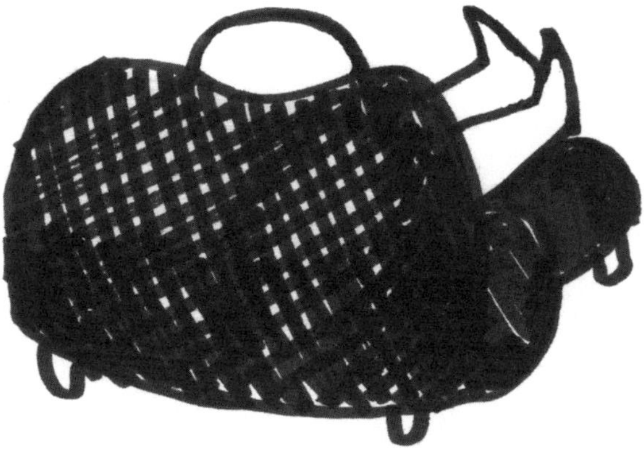

Sei einfach du selbst.

Fuck It.
Mach dieses Buch zu.
Gib es jemandem, der es
nötiger braucht als du.
Kauf dir ein neues.

Sag *Fuck It* dazu, ständig Kontakt zu halten.

TSCHÜSS

Der Erfolgstitel *Fuck It. Loslassen – Entspannen – Glücklich sein*, erschienen 2010 bei Ariston, liefert einen erhellenden Blick darauf, warum *Fuck It*-Sagen so gut funktioniert, wenn es darum geht, Gelassenheit und Freiheit im Leben zu erfahren. Er ist bestens zum Eintauchen in die *Fuck It*-Philosophie geeignet, die ganz ohne Guru oder jahrelanges Meditieren auskommt. Also: lesen und den ultimativen spirituellen Weg finden!

Genieße eine ganze Woche *Fuck It*-Weisheit am »Hill that Breathes« in Italien: Hier hat alles angefangen. John und Gaia gründeten 2004 das Retreat-Zentrum »The Hill that Breathes« auf einem 100 Morgen umfassenden Hügel bei Urbino im Herzen Italiens. Nachdem sie ihren Gästen dazu geraten hatten, in ihrem Leben *Fuck It* zu sagen, begannen sie, *Fuck It*-Wochen zu veranstalten – und landeten damit sofort einen Hit. Zurzeit veranstalten sie ungefähr eine im Monat. Also, komm zu einer *Fuck It*-Woche und genieße alles, was der Hügel zu bieten hat – köstliches vegetarisches Essen, einen Salzwasser-Pool mit Panoramablick, eine spektakuläre Landschaft und viele Hängematten – sowie volles Eintauchen in die *Fuck It*-Philosophie dieses Buches.

Du wirst lernen, dich zu entspannen, egal, was gerade in deinem Leben läuft, loszulassen, was dich bindet, mehr auf dich selbst zu hören, deinem Instinkt zu vertrauen und dem Strom zu folgen, egal, wo er dich hinführt … und ganz allgemein *Fuck It* zu nutzen, um dein Leben aufs Erstaunlichste zu gestalten.

»The Hill that Breathes« veranstaltet auch Yoga-Urlaube und Gastaufenthalte führender spiritueller Lehrer wie Barefoot Doctor.

www.thehillthatbreathes.com

behappy@thehillthatbreathes.com

Erlebe die *Fuck It*-Welt online (und noch dazu *Fuck It*-Schokolade). Mit *Fuck It*-TV hast du jeden Tag die Möglichkeit, Videos zu sehen, die dir helfen, die Magie von *Fuck It* in deinem Leben freizusetzen. Auf der *Fuck It*-Website finden sich auch regelmäßig von John erstellte Podcasts, Benachrichtigungen über anstehende *Fuck It*-Events auf der ganzen Welt und eine Fülle von Möglichkeiten, der Welt deine *Fuck It*-Abzeichen zu zeigen (einschließlich Silberanhänger, T-Shirts und, jawohl, Riegel bester *Fuck It*-Schokolade).

www.thefuckitway.com

FUCK IT
TV

Über die Autoren

John C. Parkin, Autor von *Fuck It. Loslassen – Entspannen – Glücklich sein*, und Gaia Pollini sagten im Jahr 2002 *Fuck It* zu ihren gut bezahlten Jobs in London, um das Retreat-Zentrum »The Hill That Breathes« in Italien zu gründen. Heute halten sie dort regelmäßig *Fuck It*-Wochen ab.
Die Idee zu *Fuck It* kam ihnen, als sie feststellten, dass *Fuck It*-Sagen genauso effektiv war wie alle fernöstlichen Weisheitslehren zusammen, die sie jahrelang studiert hatten.

© Richard Grassie

© Luca Sage